AF357090

L'ANTI-RÉVOLUTIONNAIRE.

TABLEAUX.

PARIS, IMPRIMERIE DE PAUL DUPONT ET Cie,
Rue de Grenelle-Saint-Honoré, 55.

L'ANTI-RÉVOLUTIONNAIRE

EN

TABLEAUX

DES CRISES POLITIQUES DE LA FRANCE,

PAR

LE COLONEL DENISET, ÉLECTEUR.

Les révolutions, par leurs pentes rapides,
Doivent épouvanter jusqu'aux plus intrépides.

TOME PREMIER.

SE VEND

AU PROFIT DES PAUVRES DU 12e ARRONDISSEMENT,

par livraison de 60 centimes,

CHEZ { DELAUNAY, libraire, au Palais-Royal ;
THOREL, libraire, place du Panthéon.

1838.

Préface.

Ma carrière ayant été brisée dans toute la force de l'âge, et sachant me soumettre à mon destin sans soulever de ces récriminations dont souvent le seul résultat est de produire du scandale ; rempli d'ailleurs de l'amour de la patrie, qui, dans le fond de mon cœur, s'unit avec tant de puissance à tous les sentimens de l'honneur, je n'ai pu cependant me résigner à livrer déjà à l'abnégation du repos des jours que je sentais encore dans toute leur vigueur. Presque détaché du monde, où le bien qu'on y fait se trouve si souvent payé par l'ingratitude ou la perfidie, lui préférant les délices de la retraite et de l'étude, et méditant depuis long-temps sur les graves questions politiques qui nous divisent; affranchi de cette obéissance passive qui vous enchaîne à tant de devoirs et à tant de sacrifices, et pouvant enfin ouvrir ma poitrine d'homme libre à tout l'élan de ma pensée, en la plaçant toujours au dessus des atteintes du pouvoir, j'ai désiré, s'il était possible, que le soldat sans tache devînt un citoyen utile.

Quelque attachement que j'aie porté à la carrière des armes, qui, en 1813 comme en 1829, m'offrait un si brillant avenir, je n'en fis point, toutefois, le seul champ de nos gloires. J'ai donc, avec moins de regret, pensé à tous les moyens que la vie civile présentait pour se créer des titres à l'estime de ses concitoyens quand on n'avait pas assez de mérite pour se rendre digne de leur admiration par l'illustration de la science et du savoir. Voilà par quels motifs, lorsque les braves sont si nombreux en France, la célébrité des camps ne m'a jamais paru devoir obtenir ni mon premier, ni mon plus grand hommage. Voilà pourquoi :

Mon front plie à l'aspect d'un vieux de Marengo,
Mais s'incline plus bas, quand passe un *Arago*.

Déterminé à prendre la plume , non pour ap-
procher de ces rares prodiges de l'esprit humain,
mais pour me sauver des ennuis et des dangers de
l'oisiveté à laquelle je me voyais condamné avant
le froid des ans, et pour m'ouvrir peut-être un
jour la carrière parlementaire ; c'est alors que je
me suis dit, en recherchant quel serait l'objet et
la destination de mes travaux :

Pour les gens du pouvoir qui, trop souvent flattés ,
Accueillent rarement d'utiles vérités ,
Écrire fut toujours une insigne folie ;
Écrire pour la gloire, il faudrait du génie.
Vers un but charitable élevant tous mes vœux ,
Plus sage, n'écrivons que pour les malheureux ;
Mais, auteur pénétré de ma faiblesse extrême,
Puisse pour eux le ciel, en sa bonté suprème,
Protéger mes efforts, et me faire souvent
Du fruit de mon labeur soulager l'indigent.

Que l'amour du pays me dirige et m'enflamme ,
Et de son feu sacré remplissant seul mon ame,
Qu'il donne à mes écrits un cachet protecteur ;

Qu'on dise en les lisant : il écrit pour l'honneur ;
Au dessus des partis et de toute influence,
Soldat ou citoyen, c'est l'homme de la France !

Aussi, est-ce sous l'inspiration de ces sentimens, et sans l'intention d'en retirer pour moi le moindre lucre, que j'ai voulu retracer à grands traits (et pour cela même avec le secours de la poésie) nos phases révolutionnaires. Si pourtant quelques détails se trouvent mêlés parfois à mes récits, c'est qu'ils me paraissent devoir ajouter encore, ou à l'horreur du crime, ou à l'admiration de la vertu, ou à l'appréciation d'un caractère important.

Cette histoire de nos crises politiques et sociales fut d'abord écrite sous l'influence des passions, et de passions contraires ; elle resta le chaos. Ensuite, écrite en vue de plaire au pouvoir ou de le fronder, elle laissa bien des faits dans le doute. Elle ne fut, plus tard, qu'un amas confus de compilations où la spéculation, en s'adressant à l'esprit présumé des masses pour un plus grand débit, choqua plus d'une fois les dogmes de la raison. Enfin, cette histoire trouva de dignes et sublimes écrivains. Quelques notes sur les ouvrages des *La-*

cretelle, des *Norvins*, des *Mignet*, des *Thiers*,
et autres auteurs non moins célèbres, me firent
concevoir, lorsque je me vis libre de tous mes loisirs, le dessein d'en former une analyse qui puisse
en rendre l'esprit, et servir à la manifestation de
mes propres sentimens politiques, quand je voulais
me présenter à mes concitoyens comme défenseur
des intérêts du pays. C'est ainsi, quoique fort
éloigné du mérite de nos modernes Tacite, que
j'ai voulu réaliser la téméraire prétention de rap-
peler aussi, mais très succinctement, et sous la
forme de tableaux, les principaux événemens de
nos jours mauvais ; osant me persuader qu'à défaut
de l'éminence du talent, je saurais, par un patriotisme chaleureux qui ne s'est jamais démenti, rendre parfois avec quelque bonheur les circonstances
marquantes de ces funestes époques, quand d'ailleurs je pouvais évoquer la franchise et l'impartia-
lité de l'indépendance *la plus absolue.*

Dans cette audacieuse et difficile entreprise, le
but constant de mes efforts est de tâcher de dé-
montrer combien peu les révolutions qui surgissent des troubles des états, ou du choc des armes,

profitent à l'ordre social et aux améliorations qui
en découlent, par les réactions continuelles qui les
suivent ; et, par conséquent, tout ce qu'il y aurait
de sagesse et de prudence à les renfermer désormais dans le cercle des progrès avérés de l'intelli-
gence humaine, et à les réduire à n'être que l'expression des vœux parlementaires d'une représen-
tation nationale fortement et largement constituée.
Du reste, cet ouvrage, qui ne peut s'adresser qu'à
ceux qui font de la patrie l'objet positif de la *première* et de la plus forte affection, celle qui doit
enfin résumer toutes les autres ; cet ouvrage saura,
je l'espère, développer et justifier les principes lo-
giques des vraies bases gouvernementales d'un état
représentatif, reposant sur la souveraineté nationale, non descendue à l'état de populace et d'anarchie de 93, mais prise seulement dans la partie
populaire qui la représente ; c'est-à-dire dans le
corps électoral. Aussi, c'est en reconnaissant d'a-
bord ce dogme fondamental de toute puissance
légale et durable, et lorsque cette souveraineté
doit être le moteur obligé de tout mouvement
parlementaire, que je me crois permis de répéter,

en m'élevant contre ces successions perpétuelles de
cabinet :

> Pour le bien du pays, dans un gouvernement,
> *Redressez* le pouvoir, *changez-le rarement !*

En effet, ce ne sont guère les intérêts généraux
et politiques qui font changer les ministères ; on les
renverse beaucoup plus par esprit d'intrigue et de
coterie que par amour du bien public. La plupart
de ces bascules ne sont, au fait et au prendre, qu'un
jeu des ambitions rivales, dont le plus grand résultat est d'entraver les progrès qu'on désire. On
pourrait, cependant, concevoir ces combats de
portefeuilles, si les hommes au timon de l'état n'a-
vaient à prendre, pour se diriger, d'inspiration
que d'eux-mêmes. Mais lorsqu'ils ne sont que les
pilotes d'une route tracée par l'omnipotence des
chambres, on ne peut que déplorer toutes ces os-
cillations ministérielles qui nous font chaque jour
remettre tout en question. D'après le pacte nouveau qui nous régit, le prince doit subir l'influence
de son ministère ; celui-ci, celle des représentans
du pays, et ces derniers doivent être l'expression

vraie de la majorité nationale, afin d'imprimer au gouvernement une impulsion conforme à l'opinion qu'elle manifeste. Voilà pourquoi le corps électoral doit se pénétrer de plus en plus de quelle importance il est, pour le triomphe de ses vœux, que ses élus, exempts de toute ambition pour eux et les leurs, et préoccupés seulement des intérêts de la France, soient d'une indépendance incontestable, et d'une réputation d'honneur tellement avérée qu'elle puisse toujours justifier la confiance du mandat commis à leur patriotisme. Fusion des partis, sécurité pour le présent, espoir de progrès constans et modérés dans la voie des améliorations constitutionnelles, prospérité, riche avenir : tout est là!... Mais si, comme je viens de l'exposer, je regarde les fréquentes mutations des dépositaires du pouvoir d'action comme étant souvent moins utiles que fatales à la marche des affaires, je n'en suis que plus convaincu, dans le cas où elles sont d'une urgence reconnue, des soins scrupuleux que l'on doit apporter dans le choix des membres d'un nouveau cabinet; et, comme je crois à l'indispensable nécessité de trouver alors dans chacun d'eux non moins de preuves de probité et de dévoûment que de capacité, je ne cesserai de m'écrier à cet égard :

> Point d'hommes au pouvoir étalant leurs rapines,
> De ces fâcheux prôneurs de nos vieilles routines ;
> Point de ces parvenus qui vont, regorgeant d'or,
> Aux bras du télégraphe en demander encor ;
> De ces êtres tarés, de ces vendeurs de places,
> Qui sur des gens sans droits font refluer les grâces.

L'*Anti-révolutionnaire*, dont le titre même résume l'esprit dans lequel l'ouvrage est écrit, se trouve divisé naturellement en cinq parties qui traitent successivement, par tableaux, de la *monarchie* de 1774 à 93, de la *république*, de l'*empire*, de la *restauration* et de la *monarchie populaire de juillet*. Chacune de ces époques offre de graves enseignemens ; mais, en les rappelant, celui qui nous a paru dominer tous les autres, par les suites funestes qu'entraine le peu d'attention qu'on y donne, est celui qui ressort de la part immense de l'aristocratie dans la chute des trônes. Il fut incontestable qu'elle avait été la principale cause du renversement de la monarchie des Capets,

et pourtant le premier soin de l'empire fut de s'en
créer une; elle en a détruit la puissance. La restauration en compta deux, et c'est par leurs fautes
que Louis XVIII fut contraint de fuir à l'étranger.
L'empire revint, et, de nouveau cherchant à s'ap-
puyer sur elle, il perdit la sympathie populaire qui
pouvait le sauver. Enfin, Charles X lui dut la perte
de sa couronne, le bannissement de sa famille en-
tière, et sa mort sur la terre de l'exil. C'est sans
doute une juste préoccupation de la fatale influence
que l'aristocratie avait exercée sur nos destinées,
qui fit que la France se constitua, en 1830, en monarchie *populaire*. Et bien, déjà des conseillers,
dignes des temps de l'OEil-de-Bœuf, ont parlé de
dignitaires, d'apanages, de créations de nobles;
c'est-à-dire que des tendances rétrogrades mani-
festes, vers l'ancien ordre de choses, ont prouvé
que toutes nos révolutions depuis 89 n'ont laissé,
dans certains esprits, que le souvenir des vanités
perdues, sans frapper leur mémoire de tous les
malheurs dont elles furent la source. Point de
monarchie, disent-ils, sans aristocratie. Quelle
erreur!!! Notre monarchie de *juillet* n'a pas plus à

invoquer les traditions de celle de nos vieux rois, qu'elle ne doit prendre d'exemple des autres monarchies de l'Europe. Elle repose sur des bases contraires; et, en méconnaître les conséquences obligées, ce serait la mettre, *tôt ou tard*, en péril. Une aristocratie, en effet, semble devoir toujours relever du droit divin : notre jeune royauté est fondée sur la souveraineté nationale. Une aristocratie consacre le règne du bon plaisir : notre charte ne reconnaît que le règne des lois. Une aristocratie n'existe point sans cour : notre trône est populaire et cesserait de l'être s'il s'en créait une. Une aristocratie ne saurait avoir une pairie sans hérédité : la nôtre n'est plus que viagère. Une aristocratie a des priviléges, ou ce n'est qu'une dérision : pour nous, le temps des priviléges est à jamais passé. Enfin, une aristocratie fait attacher à la couronne une garde brillante, nombreuse, et spéciale : aux portes du palais de notre prince constitutionnel, on ne voit que des citoyens ou des soldats de l'armée. Restons donc monarchie *représentative;* et, pour le bonheur de la France, repoussons constamment tout retour à l'aristocratie.

Sauvons de ses dangers la nouvelle couronne!...
Sans moins de dévoûment aux intérêts du trône
Dégagé d'oripeaux, son estrade n'est plus,
Ne peut être aujourd'hui *que l'autel des vertus :*
En voilà les grandeurs, aux yeux de la patrie,
Pour donner de longs jours à notre monarchie!
Vouloir d'un autre éclat entourer le pouvoir,
De l'avenir encor c'est nous ôter l'espoir :
Imprudens, oublieux, vers un destin prospère,
C'est prétendre marcher, regardant en arrière!
Moins les princes auront et de faste et de cour,
Plus on leur portera de respect et d'amour!

L'aristocratie, du reste, n'est pas plus de notre époque que la république. Si l'on venait à rétablir l'une, on ramènerait l'autre inévitablement, non pour l'amour d'elle-même, mais *comme moyen* de porter, comme par le passé, ses néophytes, plus facilement et plus promptement, aux plus hautes faveurs de la fortune; et mieux vaut laisser, sans nouvelles commotions, le mérite seul faire les positions sociales: sous le régime du savoir, l'ambitieux se borne à tâcher d'en acquérir, dès qu'il ne peut s'élever que par lui; et tout le monde y gagne.

Aussi, est-ce peut-être le cas d'ajouter ici, exempt de préoccupations et avec tout l'abandon de la pensée consciencieuse d'un homme qui ne veut acheter la faveur d'aucun parti, que je ne crois pas à la possibilité de fonder une république en France, et que je crois moins encore à la sincérité de ceux qui s'en font les champions ; en un mot, je mets en doute l'existence réelle de vrais républicains, et je ne vois guère de noms qui, comme tels, soient dignes d'être cités avec celui de l'honorable *Carnot;* car, les *Châlier*, les *Lebon*, les *Carrier*, les *Marat*, les *Robespierre*, et autres célébrités non moins ignobles, n'appartiendront jamais qu'aux gémonies de l'histoire. Si le banc des écoles et l'effervescence de la jeunesse peuvent éveiller dans quelques esprits d'ardentes sympathies pour ces souvenirs des temps anciens, elles sont sans racines dans les cœurs, et, promptes à s'affaiblir, elles ne laissent bientôt plus germer dans les têtes que des rêves ambitieux. C'est un républicain qui a rétabli chez nous et en Italie la monarchie, la noblesse et les titres. Ce sont des républicains qui se sont élevés aux trônes des Espagnes, de la Hollande, de Naples et de Suède. C'est un ministre républicain qui, ayant su se rendre celui indispensable de tous les gouvernemens monarchiques qui se sont succédé en France jusqu'à ce jour, a signé, à sa gloire, c'est possible, mais non pas pour la nôtre, le traité de 1814, qui nous enlevait non-seulement toutes nos conquêtes, mais encore nos limites naturelles ; c'est le même aussi qui nous a représentés dans les beaux jours de la Sainte-Alliance. C'est un républicain qui a demandé le rétablissement du *droit d'aînesse*. C'est un républicain qui a pris l'initiative de la proposition d'une indemnité aux émigrés, qui a grevé le trésor d'un milliard, mesure qu'on aurait pu trouver juste, si l'état n'avait *payé* par une banqueroute les créanciers qui n'avaient point porté les armes contre la patrie et appelé l'étranger sur son sol pour le livrer à toutes les calamités d'une double invasion. C'est, enfin, un républicain qui, en 1835, a livré à la presse cet écrit *anti-libéral* qui eut alors tant de retentissement. Certes, après de semblables résultats, il me semble permis de conclure, avec quelque droit, *qu'une républi-*

que n'est que l'avant-garde d'une réaction; et nous verrons sans doute applaudir, par les vrais amis du pays, forts de l'expérience du passé et soucieux de l'avenir, ces paroles adressées à tous ceux qui voudraient soulever de nouvelles tempêtes :

> La France ne veut plus de sanglantes annales ,
> De tigres au pouvoir , de ces vrais cannibales ,
> Qui , changeant la patrie en un vaste tombeau ,
> Règnent par la terreur, règnent par le bourreau !

Mais si les plus fortes manifestations de la part du pays ne nous ont pas manqué pour le maintien du régime actuel, il n'a point fait connaître avec moins d'énergie toute l'indignation, toute l'horreur que lui inspiraient ces êtres infâmes qui , stigmatisés déjà, pour la plupart, du sceau réprobateur de la justice, ne reculent devant l'énormité d'aucun crime, dans l'espoir infernal de rallumer les brandons de la guerre civile :

> Sectateurs des Brutus ! jurant sur vos poignards,
> Par d'affreux attentats, d'immoler nos Césars ;
> Les assassins des rois , dans le siècle où nous sommes ,
> Sont des monstres voués au seul mépris des hommes ;

> A la postérité leurs noms passent flétris ,
> Car l'histoire, pour eux, n'a que des piloris!

Ah! lorsque le ciel jusqu'ici nous a protégés visiblement contre les tentatives multipliées des parricides qui sont venus successivement alarmer et affliger nos cœurs, puisse-t-il, touché de nos vœux, ne plus en permettre le retour!

Quant au *Coblentz* de l'empire, selon l'expression ministérielle, *pour en faire un corps de bataille*, un élément révolutionnaire, il lui manque le génie *surhumain* auquel il a dû sa haute renommée. Et, comme aucune espérance ne peut se fonder sur des rameaux sans sève, il ne saurait y avoir de danger à réaliser un jour le désir si national de voir reposer sous *la colonne* les restes de celui qui a fait planer nos aigles sur toutes les capitales de l'Europe :

> Ce n'est plus qu'un grand nom, qu'une page d'histoire ,
> Une page immortelle , éclatante de gloire!
> Quand l'airain dans la nue élève ses succès ,
> Ah! de ce chef tombé ne rougissons jamais!

M'exprimant enfin sur *la légitimité*, je dirai que

je reconnais, quoique j'en sois le très chaud parti-
san, que, sous une monarchie populaire, elle ne
saurait être érigée, ainsi que sous le droit divin, en
dogme constitutif de l'état ; mais je pense encore
qu'on ne peut trop la considérer comme une des
premières nécessités et des plus fortes garanties
d'avenir des trônes constitutionnels. Les princes ont
d'ailleurs, par la sagesse, tous les moyens de la
consacrer, non en droit rigoureux et immuable,
mais en principe d'ordre de longue durée ; pour
cela, ils n'ont besoin que de garder le constant souvenir des enseignemens du passé, et d'éloigner
toujours de leurs personnes les flatteurs et les courtisans :

> Ne tenant que de nous la suprême grandeur,
> Princes ! pour votre gloire et pour notre bonheur ,
> Gouvernez par les lois et gouvernez sans crimes ,
> Tous vos règnes seront des règnes légitimes ;
> Et, bénis, vous verrez, pour prix de vos bienfaits ,
> Que les peuples heureux ne conspirent jamais.
> Quand vous pouvez des cœurs vous assurer l'empire,
> Que désormais de vous on ne puisse plus dire ,
> Comme on l'a justement répété tant de fois :
> L'ingratitude, hélas ! est la vertu des rois !

Je m'explique donc fort mal, dans l'intérêt que
le gouvernement doit toujours avoir à donner sa-
tisfaction à quelques unes des exigences des temps,
comment il ne prend pas l'initiative sur la proposition d'adjonction de la deuxième liste des jurés
à la liste générale des électeurs; ce qui lui rendrait
toute la popularité que lui avait acquise sa loi
d'amnistie. Je vois bien tout ce qu'il y aurait de ra-
tionnel et d'avantageux à en agir ainsi; mais, je
l'avoue, je cherche en vain en quoi la mesure pourrait être préjudiciable au bien du pays; car il y a
plus que de l'incohérence à voir un citoyen qui,
investi du droit de prononcer sur l'honneur, la vie
ou la mort de ses compatriotes, n'inspire pas assez
de confiance pour qu'on lui laisse déposer un vote
dans l'urne électorale, lorsque, d'un autre côté, on
lui confie des armes pour la défense de l'ordre et
des lois; il y a là, pour moi, une absurdité gouvernementale à faire disparaître le plus promptement possible.

Mais si le peu d'empressement à cet égard du
pouvoir peut causer de justes regrets, disons, avec
la même franchise, qu'on ne saurait qu'approuver

sa réserve, sa haute sagesse même, à ne point s'être laissé entraîner par la majorité d'une seule chambre à de trop promptes sympathies dans la grave et importante question du remboursement qui doit signaler la session de 1838, lorsqu'il est incontestable que des argumens en ont fait ressortir, avec une égale puissance de logique, les bienfaits comme les tristes conséquences. La raison seule n'a donc pas décidé cette question, à la fois de crainte et d'avenir, dans la chambre élective ; et contre son vœu, sans doute, il a dû s'y glisser un esprit de dissidence politique qui a empêché de juger d'une manière péremptoire, si dans l'intérêt général, dont on faisait valoir la cause, les résultats étaient réellement assez majeurs pour ne tenir aucun compte des larmes, de la misère, du désespoir des familles nombreuses qui en seraient les victimes, et pour ne pas reculer devant une loi qui, pour rendre son exécution possible, consacrerait des exceptions et des priviléges, en violation flagrante de notre pacte fondamental. Dans un tel état de choses, il n'y eut que prudence pour le ministère à ne rien précipiter dans la manifestation de ses propres convictions; il fut pour lui d'un devoir impérieux, sous le poids d'une immense responsabilité et dans un doute permis, et partagé par de grandes capacités, d'attendre la double sanction parlementaire de la mesure pour en accepter formellement l'exécution, ou pour se refuser, en se retirant, d'y prendre la moindre part, à moins qu'il ne trouvât plus convenable de la soumettre encore à l'examen plus sérieux d'une nouvelle législature; si, par la connaissance intime des affaires de l'état, il restait convaincu que son adoption dût les compromettre dans les circonstances actuelles.

Sans rien préjuger sur le vote de la chambre des pairs, nous pouvons toutefois reconnaître que, non moins riche de lumières et d'expérience que le palais Bourbon, elle était appelée à se prononcer avec une égale compétence sur une question qui, au-dessus d'un débat de budget, et toute gouvernementale, intéresse tous les pouvoirs au même titre : l'amour du bien public. On ne saurait, au surplus, complétant notre pensée en parlant des deux chambres, trop témoigner en toutes choses de l'égalité parfaite de leur omnipotence et de leurs droits; il leur est donc dû par le trône les mêmes marques de considération. Pour la *vérité* du principe *populaire*, on doit, de nos jours, faire disparaître dans les rapports parlementaires avec le prince, comme de la plus haute convenance, toutes ces formules orgueilleuses et humiliantes de l'étiquette du *droit divin*; il n'est jamais sans conséquence de perpétuer des distinctions qui flattent les vanités du petit nombre, en blessant l'amour-propre des masses. Aussi appartient-il à la belle royauté de juillet, née de la souveraineté nationale, de dire, ne laissant plus scinder les égards désormais : *Messieurs les Pairs et messieurs les Députés, veuillez vous asseoir.* Maintenant, le roi populaire doit-il parler couvert devant une assemblée qui représente la France? Sans doute, s'écrieront les esclaves, les flatteurs et les courtisans de tous les pouvoirs; mais, pour les hommes dignes et libres, qui veulent, pour la dynastie, honneur et durée, ils diront : oui, quand il est revêtu de sa couronne; sinon, non.

Pour celui qui examine les grands effets qui surgissent, en révolution, des plus petites causes, ces

observations sont toujours des enseignemens utiles.
Voilà pourquoi l'on a blâmé, lorsqu'on s'en était
passé six ans, le rétablissement d'un chancelier. Si
ce fut pour conserver dans l'état une dignité qui
rappelait les noms justement célèbres des *L'Hôpi-
tal*, des *d'Aguesseau*, des *Malesherbes*, je pourrais dire aussi des *Voisin ;* car *le feu purifie
tout* est une noble et grande parole ; il faudra
donc aussi nous rendre la dignité de connétable, en
souvenir de l'illustration que lui donnèrent les
Duguesclin, les *Clisson*, les *Montmorency ?*

Est-ce donc aussi s'éloigner des voies révolutionnaires, lorsque tant de plaintes s'élèvent contre
l'énormité des impôts, et que tant de vœux appel-
lent ces économies (1) qui profitent au bonheur de
tous et ne font le malheur de personne, que de doubler des frais d'ambassade, et de ne trouver de re-
présentation pour le trône de juillet qu'en le mê-
lant à la pompe des cours ?

Mais c'est assez donner d'assentiment et de cri-
tique à ce qui se fait aujourd'hui pour que l'on ne

______

(1) Voir le *Messager* du 16 septembre 1834, sur une brochure de
l'auteur.

puisse déjà plus mettre en doute l'indépendance avec laquelle je retracerai nos faits révolutionnaires. J'ose espérer que l'on retrouvera dans chaque tableau la pensée dominante de l'ouvrage, le désir, tout français, de rendre la peinture de nos orages politiques profitable à nos jours d'avenir. Par la cinquième partie, on verra, en s'éclairant enfin de nos propres malheurs, combien il serait facile de consolider le repos du pays et d'assurer, par ce repos, le développement de nos institutions. C'est alors, riches de toutes les prospérités, que nous pourrions atteindre à la plus haute fortune des peuples :

Notre France qui fut en gloire si féconde ,
Redeviendrait bientôt *la lumière du monde !*

En attendant que tant de bien et tant de grandeur possibles se réalisent, continuons à mettre toute notre confiance, pour le maintien de l'ordre, dans la garde citoyenne qui se recommande si dignement à l'admiration comme à la reconnaissance de la patrie. Pour moi, je serai toujours fier d'en avoir partagé, pendant dix-huit mois, à la tête du 1er de ligne, les pénibles et nobles travaux pour le respect de la loi; et je n'oublierai jamais mes heureux et constans rapports de fraternité avec la troisième légion (1).

En terminant cette préface qui, par les citations empruntées de l'ouvrage, en est presque le *specimen*, il me reste à souhaiter, quand elle doit initier aux plus secrètes pensées de mon ame, qu'elle puisse mettre dans toute son évidence le dévoûment que je porte à la chose publique, et prouver, qu'à ce titre il peut m'être permis d'aspirer à en défendre les intérêts au forum de la France. Mais si franchement j'appelle cet insigne honneur de tous mes vœux, ce ne sera jamais pour me ranger sous les bannières d'un parti quelconque; je ne veux aller à l'ordre que de ma conscience, et ne prendre de conseils que de mon devoir; ce qui est, quoi qu'on en dise, le seul moyen d'arriver à constituer enfin une majorité réelle, compacte, durable et nationale. Comme député, mes sympathies ne se formeraient donc que sur la lumière des débats dans les questions nouvelles, et généralement

(1) Voir à cet égard le *Journal des Debats*, du 1er août 1831.

sous l'influence de la raison et de la justice, et non sous celle des passions; c'est-à-dire que mes sympathies s'éveilleraient toujours où je trouverais une vie pure, des convictions profondes et sages, et pour but *l'honneur et la patrie*. C'est ainsi que je pourrais me rallier tour à tour aux opinions des *Dupin* et des *Barrot*, des *Laffitte* et des *Dupont*, des *Lamartine* et des *Berryer*, des *Teste* et des *Tracy*, des *Mauguin* et des *Pagès* :

Implantant le drapeau de mon indépendance,
Partout où je verrais l'intérêt de la France,
Je serais, plein de zèle, en son temps opportun,
L'ami de tous les camps, mais le soldat d'aucun.

Prenant la résolution de faire tourner au profit des malheureux l'emploi d'un temps que je veux sauver de l'ennui et rendre de quelque utilité, c'est au soulagement de ceux du 12ᵉ arrondissement que je consacrerai particulièrement le produit que je pourrai retirer de mes veilles ; car ils sont là plus nombreux qu'ailleurs. A ce motif d'une si juste préférence se joint aussi le sentiment de reconnaissance que j'aime à conserver pour ce collége en raison des témoignages de bienveillance qu'il daigna m'accorder lors des élections de 1837, m'étant présenté au nombre de ses candidats. M. *Cochin*, son ancien maire et du conseil actuel de préfecture , d'un mérite incontestablement supérieur , et non moins recommandable par sa haute philantropie que par les bienfaits qu'à l'exemple des siens il a répandu sur cet arrondissement , devait sortir victorieux de la lice électorale, surtout après avoir noblement repoussé le reproche de tenir au précédent ordre de choses ; mais les votes accordés à la franche expression de mes principes politiques n'en sauront que plus éterniser ma gratitude.

Maintenant , le seul vœu qu'il me reste à former, non pour moi , je le dis dans toute la sincérité de mon cœur, mais pour ceux à qui je voudrais être en aide, c'est de voir mes concitoyens accueillir cet ouvrage avec quelque faveur ; et que jugé beaucoup plus sur la pureté des intentions de l'auteur, que sur le mérite qui lui manque, il obtienne assez de succès pour assurer aux indigens du 12ᵉ arrondissement des témoignages précieux et nombreux de la bienfaisance publique : ce serait atteindre au but de mes efforts, et toucher de mes travaux la plus douce récompense.

A MONSIEUR LE MAIRE

Du 12e Arrondissement.

Paris, ce 6 juin 1838.

MONSIEUR LE MAIRE,

Mis en retraite par ordonnance royale du 6 janvier 1838, et trop jeune encore pour ne pas chercher une occupation qui puisse remplir les momens de liberté dont je vais avoir à disposer, mes goûts pour le travail du cabinet m'ont conduit à tâcher de m'ouvrir la carrière des lettres, mais avec le désir de consacrer les produits de mes œuvres aux infortunés de votre arrondissement, dont, malgré votre constante sollicitude, le nombre n'est que trop considérable.

C'est par ce motif, et quand propriétaire dans

cet arrondissement, je garde le souvenir des suffra-
ges flatteurs que j'y ai obtenus aux élections de
novembre 1837, que je viens vous prier, Monsieur le
maire, de permettre que je constate d'une manière
authentique que la vente de l'ouvrage qui doit pa-
raître par livraison et ayant pour titre *L'Anti-révolutionnaire*, sera faite *au profit des pauvres du
12ᵉ arrondissement*. Pour que cette disposition
ne soit point illusoire, ce n'est pas après frais payés
que les produits leur seront acquis, mais au fur et
à mesure de la vente de chaque numéro, à raison
des *deux tiers* du prix, l'autre tiers restant pour
les frais. De cette manière, les frais couverts ou non,
il y aura toujours une recette positive pour les
malheureux de l'arrondissement.

Le tirage sera de 2,050 exemplaires; 50 seront
destinés aux distributions d'usage, et compte sera
tenu de 2,000 pour la vente. Arrêté dans son plan,
mais inachevé dans ses détails, attendu qu'on ne
peut trop revoir les faits historiques qu'on rappelle,
cet ouvrage m'a semblé ne devoir être publié que
par livraison, afin d'avoir plus de temps à donner
aux corrections des tableaux qui le composent,

lesquels, au nombre de vingt, contiennent au moins 200 vers chacun et souvent plus de 300. Afin que *L'Anti-révolutionnaire*, indépendamment de son objet principal, puisse être en même temps instructif et utile pour de jeunes lecteurs, il sera terminé par une analyse chronologique de nos crises politiques et une biographie abrégée des personnages cités, ce qui fera au total vingt-cinq livraisons à 60 centimes l'une. La première comprenant la *Préface*, cette *lettre*, la *Dédicace* aux électeurs, paraîtra le 15 juin; la deuxième, formant, comme premier tableau, l'introduction, et ayant pour titre *Les révolutions*, le 15 juillet; la troisième, comme second tableau, ou *Louis XVI*, le 15 août, et ainsi de suite pour les autres tableaux, qui vers la fin auront des émissions plus rapprochées.

La préface vous fera suffisamment connaître, Monsieur le maire, que l'*Anti-révolutionnaire* est écrit sous la seule inspiration de l'amour de l'ordre et du pays, et qu'à ce titre il pourra peut-être ne pas rester tout-à-fait sans faveur auprès du public. Si cet espoir n'est pas déçu, je m'applaudirai bien sincèrement d'avoir eu l'occasion de prouver tout l'intérêt que je porte aux misères qui affligent votre arrondissement. Veuillez en recevoir l'assurance et agréer l'expression des sentimens de haute considération avec lesquels j'ai l'honneur d'être,

Monsieur le maire,

Votre très humble et obéissant serviteur,

Le colonel DENISET.

Nota. Les 2,000 exemplaires seront tirés, savoir : 1000 le 15 juin et 1000 le 15 juillet, si le premier 1000 se trouve épuisé à cette date.

DÉDICACE.

Aux Electeurs.

C'est pour vous, électeurs, qu'au sein d'un doux repos,

Usant de mes loisirs, j'ai tracé ces tableaux.

S'il faut qu'un candidat très nettement s'explique,

Pour obtenir de vous un mandat politique,

Sans peine vous pourrez juger si j'ai des droits
        A fixer votre choix.

Je n'y veux point de Rome, et de Sparte, et d'Athènes ;
Leur liberté vantée y portait lourdes chaînes ;
Mais, dignes de nos vœux, j'y souhaite au pays
Une charte et des lois ralliant les partis,
Des pouvoirs balancés, une stable couronne,
        Les vertus sur le trône.

Là, respectant l'autel , vous verrez, électeurs,
Que j'en borne l'empire à régner sur les cœurs ;
Que par Dieu tous égaux , enfans du même père ,
J'y repousse du sang le droit imaginaire ;
Qu'enfin, sans préjugés, pour vrais nobles je tiens
        Tous les bons citoyens.

Sur l'ordre seulement , fondant des jours prospères ,
J'y condamne surtout les débats sanguinaires ;
Le sang qu'ils font répandre est le sang des Français ,
Et les taches du sang ne s'effacent jamais.

Par les chambres on doit régler avec prudence
        Les destins de la France.

Dignes de leurs mandats, j'y veux que vos élus,
S'abstenant désormais de discours superflus,
D'un vote indépendant combattent la doctrine,
Pour qu'enfin, sans écueils, le pays s'achemine
Vers un progrès légal qui lui rende à jamais
        Le bonheur et la paix.

Applaudissant au but qui dicta cet ouvrage,
Puissiez-vous, électeurs, en agréer l'hommage ;
Et, daignant parcourir ce fruit de mes travaux,
Puissiez-vous, indulgens pour ces faibles tableaux,
Constamment y trouver, à défaut de génie,
        L'amour de la patrie!

PREMIÈRE PARTIE.

LA MONARCHIE DE 1774 A 93.

Tableaux de la première Partie.

I.   Les Révolutions.

II.   Louis XVI.

III.   Renversement de la Monarchie.

IV.   Le Régicide.

L'ANTI-RÉVOLUTIONNAIRE.

Tableau premier.

LES RÉVOLUTIONS.

Lisez, peuples, lisez!.. leurs pages font frémir,
Et s'offrent en leçons aux races à venir.

Les Révolutions.

INTRODUCTION.

Quand mon cœur est rempli d'un pur patriotisme,

De cet amour qui fait repousser le sophisme,

Ce n'est jamais, hélas! sans mortelles douleurs,

Qu'à tout propos j'entends nos esprits novateurs

Froidement répéter que, toujours salutaires,

Les révolutions sont des maux nécessaires,

Et que, pour rajeunir de vieux gouvernemens,

Il faut les ébranler jusqu'en leurs fondemens.

C'est ainsi que, prôneurs de plus d'une utopie,

En voulant accomplir, sur leur propre patrie,

Tous ces rêves ardens desséchant leurs cerveaux,

Ils attirent sur nous d'innombrables fléaux,

Placent dans l'avenir le bonheur de la France,

Et ne font du présent que misère et souffrance.

De ces êtres je suis l'ennemi capital,

Et ne m'en crois pas moins autant qu'eux libéral ;

Mais pour le sol sacré redoutant les orages,

Par le calme, je veux des libertés plus sages,

Un progrès modéré, qui les étend toujours ;

Les révolutions en arrêtent le cours :

Sur d'imprudens états, c'est la foudre qui gronde,

C'est le courroux du ciel les effaçant du monde !

Nouveaux grands du pays, je vous laisse applaudir

A ces troubles sanglans qui vous ont fait surgir ;

Vantez-en les bienfaits, je les révoque en doute ;

Arrachés au néant, fiers que l'on vous écoute,

C'est à vous d'exalter les révolutions :

Le faîte du pouvoir a ses illusions !

Qu'à votre pauvreté succèdent les richesses ,

Que du trésor pour vous s'épuisent les largesses ;

Servez parens, amis, comblez-les de faveurs ;

A ceux qui n'étaient rien, accordez des honneurs ;

Usez de tous vos droits, des chances fortunées

Que nous donnent toujours d'heureuses destinées ;

Mais, hommes de poussière, oubliez rarement

Que du char qui vous porte on se brise en tombant !

Oui, révolutions, vos laves importunes

Ne font que déplacer les rangs et les fortunes ;

Car, les volcans éteints, bientôt on ne voit plus

Que petits élevés et que grands descendus.

Les révolutions, par leurs pentes rapides,

Doivent épouvanter jusqu'aux plus intrépides ;

Dans leurs gouffres béans entassant le malheur,

Leurs souvenirs ne sont que des jours de douleur !

Pour les mettre en lumière il suffit de l'histoire,

Son burin en consacre à jamais la mémoire.

Lisez, peuples, lisez!.... leurs pages font frémir,

Et s'offrent en leçons aux races à venir!

Que l'on jette aujourd'hui, dans la même balance,

Et les biens qu'on leur doit, et les maux de la France :

A tout bouleverser, on pourrait enseigner

Que l'on y perd bien plus qu'on ne peut y gagner.

Ah! je le dis encor, ce n'était point par elles

Que nous devions avoir des libertés nouvelles,

Ne sachant inspirer que mépris pour la loi,

Jamais de l'espérance, et toujours de l'effroi!

Dira-t-on de Capet que le royal supplice

A de nombreux abus déraciné le vice;

Que l'on n'a plus la dîme et de droits féodaux;

Qu'en ruines tombés il n'est plus de châteaux;

Que les seuls grands seigneurs sont les gens de mérite,

Et qu'on n'arrête plus sans légale poursuite?

Je ne sais démentir ce progrès des esprits;

Mais qu'on ait eu besoin de faire des proscrits,

Et de rougir de sang tout le sol de la France,

Pour qu'on les vit remplir de nos vœux l'espérance ;

Voilà ce que l'on peut, ce qu'on doit contester,

Car il est des fléaux qu'on ne sait arrêter.

Plus vite que le trône, et de manière étrange,

On a voulu marcher, on tomba dans la fange !

La vieille monarchie avait prouvé souvent

Qu'elle, aussi, souhaitait progrès et mouvement ;

Et chaque règne a vu, sur plaintes opportunes,

Étendre, avec bonheur, les droits de nos communes.

Il fallait du monarque écouter le désir,

Et seconder ses vœux au lieu de l'asservir ;

Briser des parlemens l'ignoble résistance,

Pour les organiser en nouvelle puissance,

Ouvrant aux libertés un avenir d'espoir ,

Qui, par la gratitude, eût grandi le pouvoir :

C'est ainsi que le prince eût régné sans combattre ;

Mais qu'il fut insensé de songer à l'abattre !

C'était vouloir détruire, et surtout oublier

Que, dès qu'on a détruit , il faut édifier !

Alors tel fut l'élan de notre impatience

Que l'on aurait rougi d'écouter la prudence.....

Pour plus de libertés, forçant le mouvement ,

Qu'avons-nous obtenu dans notre aveuglement ?

Des échafauds partout , d'infâmes banqueroutes :

Quatre-vingt-treize , hélas! voilà ce que tu coûtes !

Tu ne peux plus renaître , et ton seul souvenir,

Pourtant, nous fait encor trembler pour l'avenir !

Aussi, quand, résultat d'un trône qui s'écroule ,

Le pouvoir est passé dans les mains de la foule ,

Je crois, par tout le mal qu'il a fait au pays ,

Que le plus triste sort fut de perdre Louis !

Parle , tyran sans frein , parle , hydre populaire ;

Dis, qu'a produit pour nous ton règne sanguinaire ?

Dis , peuple souverain , saturé de forfaits ,

Est-ce à toi qu'on a dû les insignes bienfaits

Qui découlent toujours d'une heureuse abondance ?

Non! la faim , la misère ont marqué ta puissance!

Est-ce la double chute et du trône et des rois,

L'égalité pour tous , le triomphe des lois ?

Mais quel sceptre a pesé jamais plus arbitraire,

Qu'aux temps où gouvernaient Marat et Robespierre ;

Ces jours de notre honte où le maître *suspect*

Devait obéissance au valet sans respect !

Fatal règne de sang, diras-tu qu'à ta gloire,

La tolérance obtint sa plus belle victoire,

En proclamant notre ame *un principe immortel,*

Reconnaissant un Dieu, relevant son autel ?

Mais quand tu voulais bien nous permettre une idole,

Pourquoi martyriser qui portait sa parole ?

Toujours il faut à l'homme une religion,

Mais il la faut toujours sans persécution !

Va ! tes tribuns vantés n'ont fait que des victimes ;

J'en cherche les vertus, je ne vois que des crimes !

Ce sont de *vrais tyrans* remplaçant les Capets ;

Des Sylla, des Néron décimant les Français,

Et qui, fléaux du ciel, entourent leur puissance

De cadavres, de sang, de haine et de vengeance !

Hélas ! je les ai vus ces longs jours de malheur,

De carnage et de deuil, de démence et d'horreur !

J'ai vu des furieux à notre monarchie,

Comme au règne des lois, préférer l'anarchie;

Les crimes en honneur, la vertu dans les fers,

La rage des partis étonner l'univers;

J'ai vu crouler d'un roi la puissance suprême,

Et le peuple à son tour ceindre le diadème;

Au nom de liberté, s'encombrer les cachots,

Le sang des innocens se répandre à grands flots :

J'ai vu, j'ai vu ces jours, et nul pinceau sur terre

N'en saurait retracer l'effroyable misère !

De révolutions en révolutions,

Que nous serons long-temps jouets des factions!

C'est ainsi que succède au prince débonnaire,

Dont on a renversé le trône séculaire,

Ce régime odieux, cette infâme Terreur,

Qui devait par le meurtre assouvir sa fureur;

A ce temps infernal, ce faible Directoire,

Ne pouvant d'aucun bien invoquer la mémoire;

A son règne toujours entouré d'ennemis,

Le pouvoir des Consuls rapprochant les partis;

Aux divers consulats, la République-empire ,

Qu'à l'Empire bientôt on finit par réduire.

Que nous a-t-il donné ? — De la gloire !.... et des fers.

Quand nous-mêmes voulions asservir l'univers !....

La gloire, je le sais, la gloire fut immense ;

Mais elle ne fit point le bonheur de la France :

Elle en trompa l'espoir , et , flattant son orgueil ,

Mit, pour de vains succès , nos familles en deuil.

Qui veut tout subjuguer, marche, recule et tombe :

La gloire a fait l'Empire, elle en ouvrit la tombe !....

L'Europe fond sur nous : sa coalition

Des Bourbons consacra la restauration.

Mais , hélas! n'ayant point *dépouillé le vieil homme ,*

De préjugés imbus, les esclaves de Rome ,

Ils ont prouvé soudain , par malheur, au pays

Qu'ils n'ont rien oublié, comme ils n'ont rien appris!

La foudre éclata donc sur ces têtes peu sages :

Ils ont fui nous rendant l'Empire et ses orages.

On voit lutter encor les peuples et les rois :

Mais *de la liberté* méconnaissant la voix ,

L'Empire , *sans appui,* des combats la victime ,

L'Empire de nouveau disparaît sous l'abîme ;

Et deux fois l'étranger remet, tristes destins,

Aux fils du grand Henri le sceptre dans leurs mains.

Entraînés par la cour et l'aristocratie,

Oublieux des sermens prêtés à la patrie,

Et du passé toujours dédaignant les leçons,

Ils sont encor tombés du trône des Bourbons !

Mais il fallut combattre, et, ce que l'on déplore,

Racheter par le sang le drapeau tricolore !

Reprenant son pouvoir, brisant le droit divin,

Le peuple se choisit un nouveau souverain :

De Valmy, de Jemmape il porta les bannières !

Ce roi, c'est d'Orléans ; car la honte des pères,

Aujourd'hui, ne fait plus la honte de leurs fils.

Et quand *Égalité* tomba dans le mépris,

Philippe de son nom va relever la gloire ;

Il saura des grands rois égaler la mémoire.

Ami des libertés, secondant leurs progrès,

Oui, ce prince fera le bonheur des Français,

De nos jours orageux prenant expérience,

La charte, *vérité*, bornera sa puissance !

.   .   .   .

.   .   .   .

.   .   .   .

Eh quoi ! de nouveaux cris ? L'émeute et des combats ?...

Arrêtez ! arrêtez ! et désarmez vos bras !

Par la force brutale on accroît l'infortune ;

Que la plainte toujours se porte à la tribune !

C'est par elle qu'il faut éclairer le pouvoir

Sur les vœux du pays, sur son propre devoir.

La lutte de la rue, en débat politique,

Fait rarement le bien de la cause publique ;

En créant le désordre au milieu de la paix,

Elle ôte aux libertés tout espoir de progrès ;

Et, soit sagesse ou peur de l'une et l'autre Chambre,

Elle n'aura produit que les lois de septembre.

Mais le forum est-il un écho du vouloir

Que le peuple a le droit d'imposer au pouvoir ?

C'est à vous, électeurs, que la France en appelle,

Pour qu'il en soit toujours l'interprète fidèle.

Ce qu'on peut attester, c'est que les citoyens

Repoussent à la fois les vœux républicains,

Et les vœux des fervens du parti *légitime :*

Contraire au bien de tous, leur espoir est un crime !

On doit, en respectant tous les faits accomplis,

Son dévoûment au chef élu par le pays :

Les discordes assez ont déchiré la France ;

Que le repos la rende à sa haute puissance !

Français ! sachez-le bien , le malheur le plus grand

Serait d'oser encor tenter un changement !

Aussi, pour moi qui fais du pays mon idole,

Donnerait-on l'espoir que le riche Pactole

Viendrait de ses flots d'or engraisser nos sillons,

Plus, dirais-je toujours, de révolutions !

Abhorrant leurs excès , combattant leur délire ,

Je veux par leurs tableaux apprendre à les maudire !

Viens donc, ô vérité ! seconder mes efforts ;

Fais aux cœurs généreux partager mes transports ;

Que, m'exprimant sans crainte et sans fiel et sans haine ,

Il sorte quelque fruit du zèle qui m'entraîne !

Viens, toujours révérée , inspirer mes écrits ,

Que rien n'y soit empreint de l'esprit des partis :

Que ton flambeau m'éclaire en parcourant l'histoire,

Et des principaux faits rappelant la mémoire,

Qu'on y trouve le droit de dire aux passions

Que l'enfer a vomi les révolutions !

L'ANTI-RÉVOLUTIONNAIRE.

Tableau deuxième.

LOUIS XVI.

Comme les Montesquieu, les Mably dont la France
Vit les doctes travaux avec reconnaissance,
Ils ont, d'un zèle égal, éclairé les mortels,
Sans leur dire : *brisez les trônes, les autels !*
Respect donc à leur gloire, à leur fécond génie ;
Ils seront à jamais l'honneur de la patrie !
Nos Zoïles en vain s'en font les détracteurs ;
Leurs noms vivront toujours, on oublira les leurs.
Combattre les abus par de sages critiques,
Ce n'est point exciter des crises politiques,
C'est prévenir le mal qui s'attache à l'erreur ;
C'est, apôtre du bien, enseigner le bonheur :
Oui, la philosophie, en ses dogmes sublimes,
Est l'amour des vertus et la haine des crimes !

Plus juste, il fallait voir la source de nos maux
Dans la taxe arbitraire et l'excès des impôts,
L'entourage des cours et leur morgue et leurs vices ;
Dans la vénalité, le nombre des offices,
Les guerres du grand roi, son faste plus encor,
De près de trois milliards obérant le trésor ;

Dans l'immoralité de la folle régence,

Le système de Law, honte de la finance,

Altérant nos valeurs, et, pour agioter,

Faisant doubler la dette, au lieu de l'acquitter ;

Dans le droit et l'abus de ces *lettres* soudaines

Où le *cachet* royal ne servait que des haines ;

Dans les erreurs du prêtre unissant en ses vœux

Les intérêts mondains aux intérêts des cieux.

La cause en fut surtout à ce fils de la France

Qui, gouvernant d'abord avec quelque prudence,

Fit croire qu'il serait le digne rejeton

Du vertueux dauphin qu'éleva Fénelon ;

Mais qui devait ensuite afficher le scandale,

Avilir chaque jour la dignité royale,

Et devait, sans nul frein dans ses débordemens,

Lorsqu'il était déjà sur le déclin des ans,

Pour trouver des plaisirs, éveiller un caprice,

En un *parc* odieux organiser le vice !

Aussi *le bien-aimé*, n'inspirant que mépris,

Fut déposé sans pleurs, sans pompe à Saint-Denis,

Et laissa, n'emportant les regrets de personne,

A l'auguste héritier de sa triste couronne,

Un état sans trésor, sans crédit, sans soldats,

Sans mœurs, sans lois, enfin, partout des embarras....

Quand Louis seize ainsi recevait la puissance,

Ne cherchons point ailleurs les malheurs de la France ;

Mais admirons ce prince éclairé, libéral,

Qui voulut par le bien réparer tant de mal,

Et qui, touchant à peine au printemps de son âge,

Apportait au pouvoir les mérites du sage.

Il eût fait oublier, par ses rares vertus,

De ses derniers aïeux les règnes corrompus ;

Mais, hélas ! sourdement, l'abîme et la tempête

Déjà se disputaient et son trône et sa tête !

Pourtant il ne voulut, jusqu'à son dernier jour,

Que le bonheur du peuple, et pour prix son amour ;

Et, fait pour l'obtenir, jamais au rang suprême,

Jamais plus noble front n'a ceint le diadème.

Comme un premier besoin de son cœur vertueux,

Il épure sa cour, éloigne de ses yeux

Les femmes sans pudeur, l'essaim de Sybarites

Qui naguère entouraient le char des favorites ;

Et, marquant son début en prince bienfaisant,

On le voit refuser l'impôt d'*avénement*.

Écoutant de l'honneur les principes sévères.

Il prend et garantit la dette de ses pères,

Rassure de l'état les nombreux créanciers ;

Et, dissipant enfin les craintes des rentiers,

Il est prêt à souscrire à tous les sacrifices ,

Pouvant à ses sujets rendre des jours propices.

Souverain de vingt ans, ce monarque nouveau

Du sceptre dans ses mains sentit tout le fardeau ;

Et, croyant Maurepas d'une haute sagesse,

L'appela de l'exil à guider sa jeunesse ;

Mais , choix plus populaire, il fit entrer bientôt

Dans le sein du conseil le célèbre Turgot,

Égalant de Sully les vertus, la science.

C'est alors que parut cet édit d'importance,

Relevant la valeur des produits de nos champs,

En leur offrant partout des débouchés constans.

Les tribunaux, rendus à leur forme première,

Ont rouvert de la loi l'auguste sanctuaire.

Les anciens parlemens, depuis long-temps bannis,

Sont aussi rappelés; mais, fatals au pays,

Pour faire à la couronne une guerre mortelle,

Arrêter dans le bien les efforts de son zèle,

Et, l'entourant d'écueils et de périls certains,

Devenir l'artisan de ses affreux destins.

Malesherbes, connu par ses vastes lumières.

A Turgot vint unir ses avis salutaires.

Les prisons, les cachots sous le roi visités,

En écho de clémence ont redit ses bontés;

Pour en bénir son nom, la *question* cruelle

S'efface pour jamais de la loi criminelle;

La *contrainte* n'est plus *solidaire* en impôt,

Et, sur l'abus des droits, la raison qui prévaut

Fait déclarer enfin la *corvée* abolie,

Comme un tribut honteux des temps de barbarie,

Malgré le parlement qu'un sordide intérêt

Avait rendu contraire à ce royal bienfait;

Prétendant pour le peuple user de *remontrance*,

Quand la cupidité causait sa résistance.

C'était peu pour son cœur, Louis voulut encor
Se hâter de combler les vides du trésor.
Réformer dans l'état les emplois parasites,
Des prodigalités n'ayant plus de limites ,
Secondé par Turgot prévoyant l'avenir,
Du prince fut d'abord le plus ardent désir.
Mais, hélas! tous ces vœux, dictés par la sagesse,
Déchaînant contre lui parlement et noblesse,
Et le clergé lui-même attaquant ses projets,
Il ne pourra du mal arrêter les progrès!
Lorsqu'il avait compris les besoins de la France,
Ce qu'exigeaient déjà les temps et la prudence,
C'est vainement qu'il veut, pour des bienfaits nouveaux .
L'égalité des droits, des charges, des impôts;
L'égoïsme, l'orgueil de l'aristocratie,
Ont étouffé partout la voix de la patrie!
Pour l'homme des palais, ce reptile des cours
Qui se nourrit d'abus, s'en engraisse toujours,
Détruire un privilége est le plus grand des crimes.

C'est jeter les états au milieu des abimes ;

Ah ! craignez, vous dit-il, redoutez de changer,

Bien près de la réforme est placé le danger !

Aussi, nos courtisans, d'un perfide langage,

Prédisant à la reine un avenir d'orage,

Lui font souvent du roi combattre les desseins ;

De ses jeunes printemps, de ses attraits divins,

On sait qu'avec amour Louis subit l'empire,

Et l'on veut contre lui que son amour conspire.

C'est ainsi, repoussant les plus sages avis,

Que loin de supprimer le sacre de Louis,

La vanité des grands en accrut les dépenses,

Malgré notre misère et nos tristes finances.

Prestige des vieux temps, sa pompe et son éclat

Ne pouvaient être alors qu'un fardeau pour l'État :

Les vertus, les bienfaits et des lois libérales

Sont le sacre aujourd'hui des puissances royales.

Tous les plans de Turgot alarmant tour à tour

Et la robe et l'épée, et l'église et la cour,

Ont excité contre eux la plus vive colère ;

Et le vieux Maurepas, déloyal adversaire,

Pour les faire échouer, déjà depuis long-temps

S'unissait en secret avec les parlemens.

On cabale, on s'agite, on intrigue, on fulmine ;

Au sein de l'abondance on crée une famine ;

Le pillage des grains, l'épouvante, l'effroi

Font accuser partout le ministre du roi.

Pourtant on rétablit, punissant l'artifice,

Le calme qu'a troublé la disette factice ;

Mais, furieux de voir déjouer le complot,

On n'en jure que plus la perte de Turgot ;

Poussant jusqu'à l'excès et la haine et l'audace,

Par une fourbe insigne on poursuit sa disgrace.

Aux secrets de la poste on feint d'avoir recours,

Et, de gens affidés, des lettres tous les jours,

Contre tout ce qu'il fait, se répandent en blâme,

Empoisonnant surtout, avec un art infâme,

Les généreux motifs qui le faisaient agir ;

Et, fruits de l'imposture, on ose, sans rougir,

Assurer à Louis que ces lâches libelles

Sont des plaintes du peuple autant d'échos fidèles.

Indignement trompé par ces écrits nombreux,

Et de l'opinion croyant suivre les vœux,

Le roi de son conseil éloigne avec tristesse

Celui dont il avait admiré la sagesse.

Malesherbes, l'ami, l'émule de Turgot,

Pour partager son sort se retire aussitôt :

Tel fut le résultat de cette trame ourdie

Avec tant de succès et tant de perfidie !

Là commence, à mes yeux, la révolution

Qui d'un crêpe sanglant couvrit la nation,

Et que Turgot voulait, par l'initiative,

Rendre réparatrice et non pas convulsive.

Par quel destin fatal vit-on les courtisans

Contre un si noble avis s'élever triomphans !

Devais-tu méconnaître, ô prince populaire,

Ne cherchant que le bien, ceux qui pouvaient le faire,

Ceux qui te conseillaient, d'une éloquente voix,

D'octroyer de ton chef, régénérant nos lois,

Une charte unissant, bienfait de la couronne,

Le prince à la patrie et la patrie au trône !

Ah ! que ce pacte heureux eût conjuré de maux !

Qu'il aurait assuré de calme et de repos !

Car on pouvait des grands commander le suffrage,

Si le monarque au peuple eût tenu ce langage :

« Français ! avec amour, c'est le fils de vos rois

« Qui, pour des jours meilleurs, veut restreindre ses droits ;

« Le pouvoir absolu que je tiens de mes pères

« Ne vaut pas le bonheur de vous rendre tous frères !

« Soumis aux mêmes lois, Français, soyez égaux !

« Des charges de l'état partagez les fardeaux ;

« Pour gravir aux emplois, qu'il ne soit de limite

« Désormais entre vous que votre seul mérite ;

« Du privilége enfin repoussant les abus ,

« Ne disputez les rangs que rivaux de vertus.

« Conservez votre foi, votre antique croyance ,

« Mais près d'elle toujours placez la tolérance ;

« C'est ce lien touchant, ce lien fraternel

« Qui nous ramène tous au pied du même autel.

« Exprimez librement , terreur de l'imposture ,

« Ce que sentent vos cœurs, sans craindre la censure ;

« On protége un état par la publicité ;

« C'est du choc des avis que sort la vérité.

« Français, à ma voix donc assemblez vos comices ;

« Je vous ouvre un forum où tous vos sacrifices

« Seront par vos élus arrêtés tous les ans ;

« Plus d'impôts, de crédits sans vos représentans;

« Pour gardes du palais plus de horde étrangère ;

« Français, c'est à vous seuls à garder votre père ;

« Comme Henri je veux l'être, et, par la liberté,

« Assurer à jamais votre prospérité :

« Je borne sans regrets ma puissance suprême,

« Le prince le plus grand est celui que l'on aime ! »

Oui, ce langage auguste eût changé l'avenir !

C'est celui que Turgot proposait de tenir

Pour triompher enfin de l'aristocratie,

En s'alliant contre elle à la démocratie

Dont l'appui recherché par plusieurs de nos rois

Força les grands vassaux à respecter leurs droits.

Les géans de la cour devenus des Pygmées,

A l'aspect menaçant des masses opprimées

Faisant taire à la fois l'orgueil et l'intérêt ,

Auraient de la réforme adopté le bienfait.

C'est alors que Louis, digne de son modèle ,

Eût rappelé chez nous les temps de Marc-Aurèle.

Tout fier d'être compté dans les rangs du pouvoir ,

Le peuple satisfait eût compris son devoir ;

Entourant de respects le roi, la monarchie ,

Il n'aurait fait trembler que l'aristocratie !